गायत्रीबाला पंडा

डॉ. गायत्रीबाला पंडा का जन्म 17 अप्रैल, 1977 को ओड़िशा के जगतसिंहपुर में हुआ। उत्कल विश्वविद्यालय, भुवनेश्वर से उन्होंने उच्च शिक्षा पूरी की।

ओड़िआ में अब तक उनके ग्यारह काव्य-संग्रह, चार उपन्यास, दो कहानी-संग्रह और एक निबन्ध-संग्रह प्रकाशित हुए हैं। कविताओं के अनुवाद हिन्दी में चार और अंग्रेजी में एक प्रकाशित हो चुके हैं।

उनके काव्य-संग्रह 'दया नदी' के लिए उन्हें 'साहित्य अकादेमी पुरस्कार' (2022) से सम्मानित किया गया है। इससे पहले 2011 में उनके काव्य-संग्रह 'गाँ' (गाँव) को 'साहित्य अकादेमी युवा पुरस्कार' से पुरस्कृत किया जा चुका है। राज्य स्तर पर एक दर्जन पुरस्कार प्राप्त। सन् 2015 में 'राइटर इन रेज़िडेंस' के रूप में सत्रह दिनों तक राष्ट्रपति भवन में रहकर लेखन एवं काव्य-पाठ।

हिन्दी में अनूदित कविताएँ 'समकालीन भारतीय साहित्य', 'नया ज्ञानोदय', 'साक्षात्कार', 'मधुमती', 'इन्द्रप्रस्थ भारती' आदि पत्रिकाओं में प्रकाशित और चर्चित।

ई-मेल : gayatribalap@gmail.com

राजेन्द्र प्रसाद मिश्र

डॉ. राजेन्द्र प्रसाद मिश्र का जन्म ओड़िशा के रायरंगपुर, जिला—मयूरभंज में हुआ। जवाहरलाल नेहरू विश्वविद्यालय, नई दिल्ली से पी-एच.डी. के बाद वहीं प्रोफेसर हुए। बाद में विश्व हिन्दी सचिवालय, मॉरीशस में महासचिव, एन.टी.पी.सी. लिमिटेड में महाप्रबन्धक (राजभाषा) एवं महात्मा गाँधी अन्तरराष्ट्रीय हिन्दी विश्वविद्यालय, वर्धा में कुलसचिव के पद पर कार्यरत रहे।

डॉ. मिश्र अब तक ओड़िआ भाषा से हिन्दी में 97 पुस्तकों का अनुवाद कर चुके हैं। अनुवाद के माध्यम से हिन्दी को समृद्ध करने के लिए उन्हें 'साहित्य अकादेमी अनुवाद पुरस्कार' (1998) एवं 'विश्व हिन्दी सम्मान', जोहानसबर्ग (2012) सहित लगभग बीस अन्य पुरस्कारों से सम्मानित किया गया है।

ई-मेल : rm1020910@gmail.com

दया नदी

कलिंग युद्ध की साक्षी

गायत्रीबाला पंडा

अनुवाद

राजेन्द्र प्रसाद मिश्र

राजकमल पेपरबैक्स

पहला सजिल्द संस्करण
राजकमल प्रकाशन प्राइवेट लिमिटेड द्वारा
2021 में प्रकाशित

राजकमल पेपरबैक्स में
पहला संस्करण : 2023

राजकमल पेपरबैक्स : उत्कृष्ट साहित्य के जनसुलभ संस्करण

राजकमल प्रकाशन प्रा. लि.
1-बी, नेताजी सुभाष मार्ग, दरियागंज
नई दिल्ली-110 002
द्वारा प्रकाशित

शाखाएँ : अशोक राजपथ, साइंस कॉलेज के सामने, पटना-800 006
पहली मंजिल, दरबारी बिल्डिंग, महात्मा गांधी मार्ग, प्रयागराज-211 001
वेबसाइट : www.rajkamalprakashan.com
ई-मेल : info@rajkamalprakashan.com

बी.के. ऑफसेट
नवीन शाहदरा, दिल्ली-110 032
द्वारा मुद्रित

मूल्य : ₹199

DAYA NADI : Kaling Yuddha Ki Sakshi
Poetry by Gayatribala Panda
Translated by Rajendra Prasad Mishra

ISBN : 978-93-95737-69-2

दया नदी के लिए...

जो केवल इतिहास या
किंवदंतियों में नहीं
हर ओड़िया की धमनियों में
विस्मय, विषाद या
विषोद्गार बन
बह रही है आज भी...

कुछ बातें

विश्व का इतिहास पढ़ने से मालूम पड़ता है कि कलिंग युद्ध मानव समाज का सबसे बड़ा युद्ध था। यह युद्ध सम्राट अशोक और कलिंग के बीच हुआ था। अशोक के शासनकाल के आठवें वर्ष में ईसा पूर्व 261 में हुए इस युद्ध में कलिंग के पश्चिम और उत्तर दिशा से आक्रमण हुआ था। स्वयं अशोक के इस युद्ध में शामिल होने की जानकारी है। कलिंग ने उनके आक्रमण का डटकर सामना किया था। उस समय कलिंग के राजा अनंत पद्मनाभन थे, ऐसा कहीं-कहीं उल्लेख मिलने के बावजूद यह कहाँ तक सच है उस बारे में कोई ठीक-ठीक विवरण नहीं मिलता। यह युद्ध दया नदी किनारे हुआ था और दया नदी का पानी रक्तरंजित होकर रक्तनदी में तब्दील हो गया था। अशोक की कुल सोलह शिलालेखों में से दो विशेष शिलालेख दया नदी के किनारे स्थित धौली और ऋषिकुल्या नदी के समीप हैं। ये दो विशेष अनुशासन कलिंग के लोगों के लिए इंगित हैं। हालाँकि उनमें कलिंग युद्ध, राजा या सैनिकों के नाम नहीं हैं। केवल तेरहवें गिरि अनुशासन जो कि पाकिस्तान के शहवाज़गड़ी में उत्कीर्ण है, उसमें कलिंग युद्ध की विभीषिका का वर्णन मिलता है। उसमें लिखा है कि इस युद्ध में एक लाख लोगों ने प्राण गँवाए, एक लाख पचास हजार लोगों को क़ैद किया गया और इतने ही लोगों ने युद्ध के बाद प्राण त्यागे। अन्य किसी भी युद्ध में इतनी बड़ी संख्या में हताहत होने की नज़ीर नहीं है।

मैं इतिहासकार नहीं हूँ। एक आम इंसान हूँ। अन्य अर्थों में कहूँ तो एक आम इंसान से कुछ अधिक संवेदनशील और भावुक हूँ।

इतनी बातें कह रही हूँ इसलिए कि दया नदी को लेकर इतनी सारी कविताएँ लिखने के औचित्य पर शायद सवाल उठ सकते हैं। इतिहास पढ़ते समय किसी

प्रमाण, तर्क या सिद्धांत के बदले मुझे युद्ध की भयावहता ने आंदोलित और उद्वेलित किया, जिसकी एकमात्र गवाह के रूप में आज भी है दया नदी—जो पहले मेरे अंदर अन्यमनस्कता बनी, बाद में अस्थिरता।

दया नदी से इतिहास में भेंट होने से पहले उससे मेरी भेंट हुई थी ओड़िशा के मानचित्र पर अन्य असंख्य नदियों की तरह। अपनी आँखों से भी देखा था। लेकिन उस वक्त तक दया नदी को लेकर कोई हलचल नहीं हुई थी मेरे भीतर। इतिहास में दया नदी से भेंट होने के बाद दया नदी अब एक नदी बनकर नहीं, बल्कि रक्त-प्रवाह बनकर बहने लगी मेरी शिरा-प्रशिराओं में। वह रक्त समा गया मेरी अन्तरात्मा में, समा गया मेरे दिन-रात में, समा गया मेरे अवचेतन में। उपजाई कुछ अन्यमनस्कता मेरी सहज आँखों में, टँग गई एक प्रश्नचिह्न बनकर मेरे हृदय के मुड़ेर पर, उसने नींद में भी मुझे बेचैन किया, ले जाकर पहुँचा दिया अपने तट पर—उन दिनों के युद्धक्षेत्र में।

मैं इतिहास में गई। गई किंवदंतियों में। वहाँ से तथ्य, तत्त्व और तर्क इकट्ठा करने के बदले मैंने सहेजी दया नदी की लाचारी, उसका अन्तर्दाह और उद्वेग। जिस वक्त जिस भावावेग से आक्रांत हुई, उसी का बखान किया है मैंने।

कविता हमेशा तथ्य, तत्त्व और तर्क से दूर रही है। कविता एक अटूट आवेग है जो स्वत:स्फूर्त रूप से उफन पड़ती है। मुझे लगता, मानो दया नदी में आत्मा है। इतिहास से, किंवदंती से अधिक सच है उस आत्मा की अर्थमयता। जो अर्थमयता आज भी हर ओड़िया के रक्त में रक्त बनकर प्रवाहित हो रही है। इंसान को इंसानियत की राह दिखा रही है। शान्ति, मैत्री और प्रेम का जयगान कर रही है।

मेरे इस भावावेग को पाठक स्वीकार करेंगे, ऐसी आशा है।

—गायत्रीबाला पंडा

युद्ध कभी समृद्धि नहीं लौटाता
न ही लाता है शान्ति
युद्ध प्रगति लाता ही नहीं,
लाता है पश्चाताप और पीड़ाएँ अनंत।

हे असंख्य तारों, एक-एक कर
अब तुम्हें पुकारूँ किस नाम से!
सिर्फ आसमान में ही नहीं,
तुम तो अब जल रहे हो
मेरे अन्तःकरण में, अति उज्ज्वल हो।

दया नदी

एक

मैं दया नदी हूँ
इस मिट्टी को चाहा है
तभी मैंने इतना कुछ भोगा, भोगती रही।

या मेरे नसीब में था
किसी जन्म का फल
इस जन्म में फला, पका।
इस राज्य में इतनी नदियाँ,
इतने पठार होते हुए भी
मेरा ही तट चुना गया
इस भयावह युद्ध के लिए।
इतिहास का गवाह बनने को,
बनने को इतिहास का हिस्सा
अपने भीतर इतनी दुविधा,
इतने दुःख
इतनी तबाही
सहनी पड़ती है
खामोश रहकर!

आँखों के सामने घमासान युद्ध
लुढ़कते चले जा रहे एक-एक कर सिर

अस्त्र-शस्त्र की टनकार से काँप रही धरती
रक्त की धार बह चली है इधर-उधर।
तेज गति से
किसी की तलवार, किसी की ढाल, किसी के हाथ-पैर
अँगुलियाँ और सीना
तो किसी की फटी-चिथड़ी आँखों की पुतलियाँ
गिरती जा रही हैं इधर-उधर छितराकर
मेरे ही तट पर।

सिर पर मँडरा रहे हैं चील और गिद्ध
उनकी जघन्य लालसा की परछाइयाँ
और अधीर उत्कंठाएँ
बह रही हैं झुंड की झुंड
मेरे निश्चल जल में।

कान भन्ना जाते हैं
घोड़ों की हिनहिनाहट से
योद्धाओं की चीत्कार से
गगन-पवन धूलमय,
फैल जाती है गंध
ताजे रक्त की।
तेज आमिष गंध है हवा में।
क्या हो सकता है धरा पर
इससे भी भयावह कोई दृश्य?

भीड़ जमेगी रात में
कुत्तों और सियारों की
जहाँ तक पड़ेगी निगाह
हर जगह होगी ढेर की ढेर लाशें
मानो वह रात, रात नहीं
है कोई मैदान प्रतियोगिता का।

जैसे-जैसे गहराती है रात
सीने का दर्द उतना ही
बढ़ता जाता है
मन में मचा है कोलाहल
असंख्य प्रश्नों का।

मेरे लिए दिन जैसा है, वैसी ही है रात
अपनी जगह मैं स्थिर, अचंचल
एक मामूली नदी हूँ
बहना ही जिसकी तक़दीर है
कभी स्वच्छ पानी में कल-कल, छल-छल करती
तो कभी रक्तप्लावित, अस्थिर, उत्ताल।

और कभी
बंजर ज़मीन
अनंत स्वच्छलता की
अंतरंग कामनाओं की
और शुद्ध प्रार्थनाओं की।

दो

हे ईश्वर, प्रार्थना की पहली पंक्ति
याद नहीं आ रही मुझे अब
हर पंक्ति मानो भर गई है
इस माटी के बिलखने और
फटते कलेजे के विलापों से।

कैसे जानूँ
तुम हो या नहीं
यह रुलाई सुनकर
एक बार तो
तुम भी काँप उठते
इस तरह न बैठे रहते
फूल और चंदन लगाए
अपने सिंहासन पर।

तीन

कुछ दिन हुए
एक उल्लू रो रहा था लगातार
डरावनी लग रही थी रात
कुत्तों की रुलाई से।

मैं भी हो उठती थी आतंकित
किसी अशुभ घटना की आशंका से
काँपने लग जाते थे दोनों किनारे मेरे।

फिर खुद ही को समझाती थी
डरने से क्या होगा
जो होना है वह होकर रहेगा
ज्यादा हुआ तो
सूख जाएगा आँखों का सारा आँसू
ज्यादा हुआ तो
फट जाएगा सीना चिथड़े-चिथड़े हो
ज्यादा हुआ तो
टूट जाएगी जीवन से आस्था
हमेशा के लिए।

और ज्यादा हुआ तो
थोड़ी-सी आग जल उठेगी
हृदय के किसी कोने में
और एक अंगारे की तरह धधकती रहेगी
धूएँ से साँस रुँधाने के लिए।

चार

सरलरेखा में बहना
नदी का नियम नहीं।

कई जगह
दिशा बदलनी पड़ती है
अनेक मोड़
अनेक उतार-चढ़ाव से होकर
आगे बहना पड़ता है।

कहीं पत्थरों से टकराकर
अपने ही भीतर से फूट पड़ती हैं चिंगारियाँ
कहीं पेड़ की डालों में
लटक जाती हैं आपत्तियाँ
कहीं दिशा बदलते समय
बदल जाते हैं अर्थ, अब तक जिए जाने के।

ऋतु बदलने पर बदलना पड़ता है
कभी सूखकर मुँह बा देती है
तो कभी लबालब पानी
तो कभी बर्फ की चट्टानें।

किन्तु समय का साक्षी
बनने के कारण
रह गई मैं इतिहास में
किसी-किसी की घृणा में
आश्चर्य में
और तीव्र कटाक्ष में।

पाँच

कभी-कभी कोई पूछता है मुझसे
तू नदी क्यों बनी
क्यों नहीं बनी आकाश, पाताल या पहाड़
या जंगल, मैदान या
घास का नन्हा-सा फूल!
कौन करता है यह सवाल
एक आवाज़
एक सवाल
एक लम्बी साँस
सभी मेरा रास्ता रोकते हैं।

सब विधि का विधान है
किस किस को क़ैफियत दूँ!

मेरे पानी में नहानेवाले लोग और
गाय, बैल, भैंस, सूअर
मेरे घाट पर कपड़े धोनेवाली
आस-पास के गाँवों की धोबिन,
कमर पर गगरी लिए
घर लौटती महिलाएँ
मछली पकड़ने का काँटा डाले घंटों

मछली के इंतज़ार में बैठे बुजुर्ग
या खेत में पानी भरनेवाले किसान
इस किनारे से उस किनारे तक
तैरने में मस्त शरारती बच्चे
सबको देख मेरा मन भर आता था
सबके काम आ रही हूँ सोचकर
मन की गहराई में कहीं न कहीं
थोड़ा-सा गर्व था, किंचित् अहंकार था।

वह गर्व
वह अहंकार
आज चूर-चूर हो गया
अफसोस महज़ यह रहा
मुझे नदी किसने बनाया!

छह

युद्ध होगा, युद्ध होगा
चारों ओर चर्चा फैल गई।

वह पराक्रमी राजा
सिरफिरा और जिद्दी है

राजपाट के आठवें साल में
छह लाख पदातिक सेना,
नौ हजार हाथी,
तीस हज़ार घुड़सवार
और आठ हज़ार युद्ध-रथ;
दूसरी ओर अविजित कलिंग
ईसा पूर्व दो सौ इकसठ का।
इतिहास में सदा लिपिबद्ध
विरल, विभीषिकामय।

सम्राट का सामना करने से
पीछे नहीं हटा कलिंग भी
कलिंग तो सदा-सदा से
वीरता में, गौरव में, गरिमा में, पराकाष्ठा में
देदीप्यमान, उज्ज्वल रहा है।

यह युद्धभूमि कितनी भयंकर है
कितनी भयावह है।
मौत का खेल है, मौत का खेल।

एक लाख लोगों की जानें गईं जबकि
बन्दी बने एक लाख पचास हज़ार
और युद्ध के बाद प्राण त्यागा
लगभग एक लाख पचास हज़ार ने।

सबके रक्त से सराबोर हुई मैं
कौन पक्ष का था
कौन विपक्ष का
रक्त का रंग तो एक था सबका
लाल रंग से कहाँ पता चलता है
कौन शत्रु का है, कौन मित्र का।
रक्त तो रक्त है—आदमी का हो या जानवर का
शत्रु का हो या मित्र का
रक्त का रंग तो लाल ही होता है।

सात

कहा जाता है
कारूबाकी पर नज़र थी अशोक की।

महाभारत हो या रामायण
क्या पोथियाँ और पुराण
सबमें युद्ध हुए हैं
नारी के लिए
सभी युद्धों का कारण थी
नारी!
नारी सृष्टि है
नारी ही विनाश
नारी शीतल ठंडी छाँव है
तो नारी ही तमतमाती धूप!

मैं समझ नहीं पाती।

कलिंग-कन्या कारूबाकी
या अशोक की उच्च-अभिलाषा
किसके लिए था यह युद्ध
राज्य का नशा
या नारी का नशा

दोनों में था एक ही सत्य
विनाश का, विलय का।

विजय भी पराजय-सी देती है
ग्लानि और हताशा
क्रोध बन जाता है घोर विषाद।

इस छोटे-से सत्य को समझने तक
नदी का पानी बन जाता है रक्त की धार
इतिहास के आईने में मासूम लगता है
समय का चेहरा।

आठ

हर क्षण मुझे लगता है
कुछ खो गया-सा
दिन-रात, पल-पल
मैं किसे याद करती हूँ!

इतिहास अपने तरीके से रचता है
नए सिरे से मेरा पुराना आत्मवृत्त
देखता तक नहीं
(या देखने का साहस नहीं होता उसमें!)
कैसी दिख रही हैं मेरी आँखों की पुतलियाँ
उत्कंठित, जीवंत या अतृप्त आँसुओं में डूबी!

नौ

कोई नहीं जानता
नदी की भी आत्मा होती है
आत्मा होती है पेड़-पौधों, लताओं की
हवा की, पृथ्वी और आकाश की,
यहाँ तक कि बहते बादलों की भी।
मारे गए सैनिकों को सहलाते समय
काँप उठती है वह आत्मा
जैसे प्रचंड वज्रपात से
काँपने लगती है धरती
आँसुओं की धार बहने लगती है आँखों से
और हृदय अचानक थम जाता है।

आक्रमण का मुक़ाबला करने को
तत्पर सैनिक
और उनकी दिप-दिप जलती
आँखों की पुतलियाँ
एक-एक सूर्य हैं,
जो मुझे आलोकित करती हैं
बताती हैं कि
देश की ज़िम्मेवारी से बड़ी नहीं हैं

निजी, पारिवारिक ज़िम्मेवारियाँ
पहले देश, उसके बाद 'मैं-पन'।

मेरी देह की सारी खाली जगह
भर जाती है सहसा
मैं पहले-सी बहने लगती हूँ, बहती चली जाती हूँ
आगे से आगे
पानी के साथ
रक्त के साथ
सड़े-गले कचरों के साथ
घाव और टूटे अंगों के साथ
मैं बहती चली जाती हूँ
किंवदंती बन जाती हूँ।

दस

उल्लास कई तरह के हो सकते हैं!

एक तरह का उल्लास बहता है
राजा के रक्त में
जो समय को अचानक पंगु बना देता है
एक तरह का उल्लास होता है
सेना के साहस में
जो कभी मज़बूरी से तो
कभी ज़िम्मेवारी से
या शान से गढ़ा होता है।

उल्लास के अलग-अलग रंग और प्रकार
देख-देखकर
मैं केवल हतप्रभ
होती रही हूँ।

मेरे सम्मुख महाकाल
मंद-मंद मुस्कराते हुए
मेरी अर्थमयता को
प्रश्नभरी आँखों से
ताकते रहते हैं।

ग्यारह

एक मौत से दूसरी मौत
नहीं होती
अधिक दूर।

एक महा-अभिलाषा से
दूसरी महा-अभिलाषा मानो
समय का अड़ियल हस्ताक्षर हो।

इतना लालच, इतनी उत्कट कामना है
उस राजा के मन में
इतना विष भरा है शिरा-धमनियों में उसके
कि समय को चौंका देता है
तेजी से झकझोरते हुए।

हे राजन्! क्षमता के क्षणिक मोह में
मत भूलो धर्म-अधर्म को
स्पर्धा और पिपास से, भूख और अभीप्सा से
बड़ा है धर्म, बड़ी है इंसानियत।

सौहार्द से जैसे चलती है दुनिया
मृत्यु से वैसे ही नहीं रुकता महाकाल

प्रलय तबाह कर डालने पर सारी हरियाली
फिर से अँकुराती हैं ठूँठ पर पत्तियाँ, कलियाँ।

केवल रक्तरंजित होती है वसुंधरा
उपहास मँडराता फिरता है
अरण्य से अन्तरिक्ष तक
मूक बैठी दुनिया का मुँह नहीं खुलता
फिर भी टीसते अन्तस्थल से
अँकुरा उठता है साहस जीने का।

कलिंग राज्य जो है यह
स्थिर स्पंदन से भी जन्म लेता है यहाँ
भ्रूण, वीरता का।

बारह

देखी है मैंने इंसान की भूख
भूख के लिए इंसान
पहले दुनिया से लड़ता है
और फिर लड़ता है खुद से।

निगल जाता है खुद को
और बाद में अपनी
सुविधा से
उसकी जुगाली करता है।

तेरह

नदी पार करने में अभ्यस्त लोग
नहीं जानते जीवन पार करने की
कला
और कौशल।

आधे रास्ते में रुक जाते हैं
और खत्म हो जाते हैं,
इतिहास में तब्दील हो जाते हैं।

चौदह

उस राजा का पराक्रम देखा है मैंने।

देखा है उसका तेज, दमकता ललाट
क्रूर अट्टहास, हीरे का मुकुट,
देखी है तीव्र आकांक्षा उसकी
अदम्य भूख कलिंग को जीतने की।

उस राजा की तलवार की पैनी
चमचमाती धार,
न जाने कितनी गर्दनें, कितने हाथ-पैर
कटे हैं उससे।
हर बार पोंछकर रक्त,
पैनी की गई धार।

जितनी बार उसकी आँखों की
आँधी से मिली हूँ
मेरे अंदर प्रचंड भूकंप उठा है,
चीथड़े-चीथड़े फटकर मैं
वीभत्स दिखी हूँ।

समय को पैरों तले रौंदने को
अधीर है वह राजा
भाग्य को मुट्ठी में बन्द रखने को
तत्पर है वह राजा
क्यों नहीं रख पाते सौहार्द का एक कमरा
अपने हृदय के राजमहल में
पूछती हूँ मैं खुद से।

क्यों नहीं सुनाई देती उसे
असमय मारे गए
योद्धाओं, उनकी विधवाओं और बच्चों की
छाती फाड़-फाड़कर निकलती करुण चीत्कार?

पंद्रह

उस राजा का राजपन
मुझे निपट तुच्छ लगता है
उसका उतावलापन और पराक्रम
समय के पन्ने पर दिखते हैं मुरझाए से
कितना अर्थहीन है उसका अहंकार।

योजन-योजन पसर जाती है परछाईं
महा-अभिलाषा की
पौरुष के हुंकार से डोल उठती है धरती
कामना की लपलपाती शिखाएँ
लाँघ जाती हैं जन्म-जन्मांतर
महाकाल निरुत्तर, नीरव हैं
वीर कौन है? वीर कौन है?
नेपथ्य में क्रंदन का स्वर।

हे राजन्! व्यर्थ है तुम्हारा राजपद
तुम्हारी वीरता
क्या युद्ध के बल पर पाया जा सकता है
किसी का प्रेम और ममत्व?

तुम्हारे पराक्रम से एक दिन
स्तब्ध और चकित हो सकता है भविष्य।

परंतु मेरी शिराओं-प्रशिराओं में है
अर्थहीन नीरवता,
मानो थम रहा हो
प्राण का प्रवाह
मैं तटस्थ हूँ
स्तब्ध हूँ
मूक और भयभीत हूँ।

सोलह

आज का दिन बीत गया।

कल की सुबह आ खड़ी होगी
कौन-सा रूप लेकर मेरे सामने!
भयावह अवसाद क्या फिर से चमक उठेगा
आगामी कल के सूर्योदय से
अति उज्ज्वल रूप से!

दीया बन जल उठी है आज की रात
मेरे अन्तस्थल में।
मारे गए सैनिक भी दीया बन जल रहे हैं।
दारुण दुख में भी इस तरह टिमटिमाना
लिखा था मेरे नसीब में!

यह रात कभी न बीते
क्या प्रार्थना करूँ अब!
बीत जाए, एक युग बीत जाए
पर भीषण मौत का यह तांडव बन्द हो।
रक्त से निकल जाए प्रतिहिंसा का गरल
आँखों की पुतलियों से
बुझ जाए अहंकार की आग

आखिर कितना रोएगी
सिसक-सिसककर यह माटी
सहलाएगी मौत को,
ढेरियों में सोये सैनिकों को।

हे आगामी कल की सुबह
न करो मुझे लाचार-विवश
देखो, अधिक से अधिक रक्त मिलकर
कितना रक्तिम दिखने लगा है
मेरा अभ्यंतर !

सत्रह

मेरे विरोध लौट आते हैं
प्रतिध्वनि बनकर
मेरे उद्वेग भी।

खुद को छूने पर लगता है
मानो टकरा रही हूँ
किसी आग्नेय शिला से
थोड़े में समझ जाती हूँ
यह शिला शिला नहीं
पर्त-पर्त पश्चातापों से गढ़ा
एक विशाल पर्वत है
जिसका एक सिरे से दूसरे सिरे तक हर हिस्सा
रक्ताक्त और स्मृति-जर्जर है।

खुद को ढूँढ़ते समय देखती हूँ
खड़ी हूँ मैं
ठीक बीचोंबीच पड़ी
एक रेखा पर
शत्रुपक्ष और मित्रपक्ष के बीच
मैं किसी निश्चित पक्ष की नहीं हूँ।
बल्कि दोनों पक्षों की उत्कंठा और उत्तेजना

हाहाकार और रक्त बाँट लिए हैं मैंने
बराबर-बराबर।

मेरे आर्त्तनाद लौट आते हैं
लाचार हो
मेरी अभीप्साएँ भी।

युद्ध का निर्धारित परिणाम देखने
मैं सिर झुकाए खड़ी रहती हूँ
एक पैर वर्तमान में
तो दूसरा भविष्य में रख
मैं स्वाभाविक युद्ध देखती हूँ।

मुझे मौत जो नहीं आती।

अठारह

परिस्थितियाँ धकेलती रहती हैं मुझे
और मैं बहती रहती हूँ।

किसी की चूड़ियों की रुनझुन
मेरे कान फाड़ देती हैं
तो किसी की कुआँ-कुआँ रुलाई
मेरा कलेजा थर्रा देती हैं।

दो भाग्य मुझे खींच ले जाते हैं
दो शाखा नदियों की तरह
एक में पीड़ा है
दूसरे में पश्चाताप
एक में सादा पानी है
दूसरे में रक्त
भोगना ही अनिवार्य सत्य है।

उन्नीस

कभी-कभी मैं राह भटक जाती हूँ,

किसी-किसी की आँखों की पुतलियों के अँधेरे में
इधर-उधर बह जाती हूँ।

वे किसकी आँखें हैं!
क्या मैं उसे पहचानती हूँ?
उसका नाम, गाँव, गोत्र
वंश परिचय जानती हूँ
या नहीं
जानने का आग्रह नहीं होता
न ही होता है उपाय कोई।

कभी-कभी मैं चुक जाना चाहती हूँ
राह भटक जाने में अपूर्व आनंद होता है।

किंवदंती की कोई बात
मैं नहीं सुनती
मैं चाहती हूँ रुक जाना
किसी-किसी की छाती के एकांत कोने में,
मैं चाहती हूँ बह जाना

किसी किसी की शिरा-धमनियों में।
मैं चाहती हूँ खो जाना
किसी-किसी की अन्यमनस्कता में
मैं चाहती हूँ डूब जाना
किसी-किसी के दु:ख की गहराई में।

क्या मैं सही-सही समझा पाऊँगी
कितना सुख मिलता है
कभी-कभी राह भटक जाने में!

बीस

मेरे किनारे पड़े
ऐ मृत सैनिकों
आओ, आओ! मैं तुम्हारी आँखों से
सूख चुके आँसुओं के दाग पोंछ दूँ,
पोंछ दूँ तुम्हारे शरीर और पोशाक आदि से
रक्त के छींटे, धूल-मैल
आओ, फिर से तुम्हारी वेश-भूषा
आम आदमी-सी कर दूँ
ठीक पहले की तरह।

तुम्हें सांत्वना और आश्वासन देने के सिवाय
और कुछ नहीं है मेरे पास
बूँदभर पानी तक नहीं कि
तुम्हें पिलाकर प्यास बुझा पाती
तुम्हारे प्राणवायु उड़ते समय।
देखो, देखो
मुझमें चुल्लूभर पानी तक नहीं है
खून से लबालब है मेरी देह
मैं झूठ नहीं कह रही।

सिर्फ रक्त से ही नहीं
विषाद से, वेदनाबोध से मैं सराबोर हूँ
इस बिदा की घड़ी तुम्हें उपहार देने को
आँसुओं के सिवाय
और कुछ भी तो नहीं मेरे पास।

क्या तुम्हें सुनाई दे रहा है मेरे विलाप का स्वर
जो जन्म जन्मांतर प्रक्षेपित हो पहुँच जाता है
सुदूर भविष्य के खंडमंडल तक
जो युगों-युगों तक अपरिवर्तित रहता है
और तारा बन जगमगाता रहता है
दूर आसमान में।

हे असंख्य तारों, एक-एक कर
अब तुम्हें पुकारूँ किस नाम से!
सिर्फ आसमान में ही नहीं,
तुम तो अब जल रहे हो
मेरे अन्त:करण में
अति उज्ज्वल हो।

इक्कीस

तुम्हारे कदमताल मेरे कपाल पर।
कतारें बना इधर से गुज़रते समय
क्या समझ पाए
यह देह कितनी ठंड
कितनी गर्मी
कितनी धूलभरी आँधी
कितने वज्रपात
सह जाती है सहज ही।

पानी के साथ पानी बन
बह जाता है सबकुछ
नामोनिशान नहीं रहता किसी का
मैं सिर्फ नदी बनकर रह जाती हूँ।

ऐ मृत योद्धाओं!
तुम्हारे रक्त का ज्वार
मेरी देह में समाते समय
मैं क्यों फट जाती हूँ
अवर्णनीय पीड़ा और आतंक से।

बचा रह जाता है चिह्न
समय के हर आले में
सबके मन के नक्शे में।

मेरी अन्तरात्मा
यंत्रणा से तड़पते समय
पूरी दुनिया धिक्कारती है
रख लेती है मुझे अपनी घृणा की सूची में।

किस-किस को कैफ़ियत दूँ
अपने बारे में!

बाईस

ऐ पृथ्वी, आओ
मैं तुम्हें गढ़ूँगी फिर से
अपने अज्ञात सुख से,
ऐ आकाश, आओ
तुम्हें सजा दूँगी
अपनी आत्मा में छुपे उल्लास से।
ऐ समुद्र, आओ, समा जाओ
मेरे अभ्यंतर के नीले रंग में,
ऐ पवन, पहले की तरह ढोकर ले जाओ
पक्षियों का कलरव
ढो लाओ महक
दूर-देशान्तर में खिले फूलों की।
कुछ क्षणों के लिए सही
मैं भूल जाती हूँ हक़ीकत अपनी।

सिर्फ इतनी-सी बात मुँह खोलकर कहने को
क्या सचमुच लिखा है मेरे भाग्य में
पूरे भाग्य में विध्वंस की काली परछाईं
तहस-नहस करने की आग
फैलती जा रही है पूरे अस्तित्व में।

ज़िंदगी कैसी दिखती है
विनाश की थिर आँखों की खिड़की से
कैसी लगती है मौत
खिलखिलाती दुनिया की ओट से
कैसे दिखते हैं
यश, कीर्ति, क्षमता और सिंहासन
शव की ढेरियाँ और उसे चीथ-चीथकर खानेवाले
कुत्तों, सियारों की लालसाओं से।

यह सवाल भी मुझे बेचैन करता है
निरुत्तरता से मैं और भी
संक्रमित और संतप्त हो जाती हूँ।
पृथ्वी, आकाश और समुद्र
किसी के पास नहीं होता उत्तर।

तेईस

मेरे तट के किनारे-किनारे
ये कौन आ रहे हैं

कोई शोर-शराबा नहीं
पर मैं चौंक उठती हूँ।

समय से पहले मरनेवाले लोग
भूत बनकर लौट आते हैं
किसी-किसी से सुनी ज़रूर है यह बात।

अब हर रात
मैं चौंक उठती हूँ,
किसी के पदचाप मानो
मेरा पीछा करते हैं
मेरा ही अनुसरण करते हैं।

दुर्भाग्यपूर्ण मृत्यु से सिर्फ एक बार मिलना
और युग-युग तक समा जाना
दुर्भाग्य के बाहुबंधन में
क्या एक ही बात है!

मैंने क्या कम भोगा है!
दुर्भाग्य ने मुझे इस तरह जकड़ रखा है कि
न मैं मर पा रही हूँ
न ही जी पा रही हूँ।

फिर भी यदि कोई मेरा अनुसरण कर रहा है
करता रहे, जल्द ही समझ जाएगा वह
एक बार पूरी तरह मर जाना
और मर-मरकर जीने में
फ़र्क़ जरूर है।

उसी फ़र्क़ ने
मुझे इतिहास और वर्तमान के बीच
जवाबदेह बनाकर खड़ा कर दिया है।

चौबीस

कभी-कभी जी करता है
इतिहास को माटी का लोंदा बनाकर
बहा ले जाती अपने जल-प्रवाह में।

कभी-कभी जी करता है
मैं हठात् सूख जाती
मेरी छाती में उपजाता शस्य कोई
मैं हरी-भरी दिखती।

पच्चीस

इस धरा पर जितनी भी नदियाँ हैं
मेरी उम्र की
या उम्र में मुझसे बड़ी
उनमें से कुछ सूख गईं
कुछ समा गईं काल के गर्भ में
अपना-अपना अस्तित्व खोकर
मनुष्य के मन से और इतिहास से
बुझ-बाझ गईं।

कभी जहाँ एक नदी बहा करती थी
आज वहाँ खड़ा है एक विशाल पर्वत
या फिर वहाँ की माटी फटकर मुँह बा चुकी है
सरकारी फाइलों में वह अकालग्रस्त है।

लेकिन मैं नहीं मिटी, नहीं सूखी
बहती जा रही हूँ अनवरत
शायद मनुष्य को पीढ़ी दर पीढ़ी
यह बताने कि
युद्ध कभी समृद्धि नहीं लौटाता
न ही लाता है शान्ति
युद्ध प्रगति लाता ही नहीं
लाता है पश्चाताप और पीड़ाएँ अनंत।

छब्बीस

शत्रु पक्ष से लड़ रहे सैनिकों का चेहरा
प्रतिहिंसा से दमक रहा है
क्रोध और अट्टहास करती आ रही है सेना
इस वक्त परीक्षा की घड़ी है

वर्षों किए अभ्यास का रंग दिखाने की घड़ी है।

उनके एक-एक चेहरे पर, आँखों की पुतलियों में
चमक रही है प्रतिहिंसा
मुझे लगता है दीया तले अँधेरे-सा।
मेरे अंदर अनुकंपा जगती है
मुझे लगता है कह दूँ उनसे
शान्त हो जाओ, शान्त हो जाओ
अस्त्र त्याग दो
पलभर रुककर
एक-दूसरे की आँखों में झाँको।

सबकी आँखों में कर्त्तव्य की झलक
सहसा मर जाने का गुप्त भय
सबके दिल में वही एक-सी
घबराहट और उद्वेग
कौन किसका शत्रु

कौन किसका मित्र
सभी हैं मनुष्य।

जगह-जगह कटी पड़ी हैं देह
युद्धक्षेत्र की सीमा उलाँघ
उन घावों से निकले अन्तिम आर्त्तनाद
हर दिशा में व्याप्त हैं।

सत्ताईस

मैं अब पहले जैसी नहीं रही।

दुःख से मेरा मन बोझिल है
और साहस अति संकुचित।

इस दुर्दशा से
दयनीयता से
छुटकारा भी नहीं मिलनी है।

भले ही इस भयावह नरसंहार
और उससे हुई क्षयक्षति की तुलना में
मेरा कष्ट अति तुच्छ है
पर नहीं है क्षणस्थायी।

इस अमानवीय नरसंहार का, उत्पीड़न का
दिल दहलानेवाला विवरण
भविष्य को सुनाने के लिए
मैं ज़िंदा हूँ युग-युग तक।

मैं दया नदी हूँ
निकल आई हूँ उस अतीत से
रक्त से नहाकर।

अट्ठाईस

मैंने मौत को देखा है, बेहद करीब से।
देखा है, मतिभ्रम मनुष्य का
उन्माद, उन्मत्त कांड
देखा है, युद्ध में सबकुछ खोकर
घर लौटते मनुष्य का
अपराधी अपराधी-सा भाव
देखा है, हाथ पैर कटे
जमीन पर मादल की तरह लुढ़कते
वीरों का यंत्रणा जर्जर क्रंदन।

मैंने सबकुछ देखा है
पर कुछ भी न देखती-सी
पड़ी हुई हूँ,
अवसाद से, घुटन से
गहराता रहा है मेरा अन्तस्थल
जबकि कभी किसी ने नहीं सुना
मेरा क्षोभ, आर्त्तनाद, ग्लानि और चीत्कार।

इन दिनों हर सूर्योदय ने
मुझमें भर दिया है
नया भय, नया भावांतर।
अपनी शुद्धतम कामनाओं से मैं गढ़ती हूँ

अनेकानेक ईश्वर
और युद्ध यहीं थम जाए
इतनी-सी प्रार्थना में
बीत जाता है मेरा सारा समय

मैं फिर से बन जाती हूँ
वही आदिम अंधकार।

उनतीस

सदियों से मनुष्य अति लोभी
अति स्वार्थी और ज़िद्दी रहा है।

वही लोभ
वही स्वार्थ
वही ज़िद
तैयार करते हैं नए-नए युद्धक्षेत्र।

युद्धक्षेत्र है जलता हुआ मरघट
या फिर ध्वंस स्तूप
युद्ध जारी रखना मनुष्य का शौक़ है या
अद्‌भुत अभ्यास।

कामनाओं से भला मुक्ति कहाँ मनुष्य को
लोभ-फल फलता है
दुर्दिन की डाल पर।
पककर लाल टहटह होने पर
तोड़ने को चढ़ा मनुष्य
ज़मीन पर धड़ाम से गिर पड़ता है।

टुकड़े-टुकड़े हो बिखर जाता है
पृथ्वी, जल, अग्नि, वायु और आकाश में
तरह-तरह से।

तीस

कुछ अस्थियाँ अब भी पड़ी हैं
ज़मीन पर
कुछ अस्थियाँ समा गई हैं
माटी के अतल तल में
कुछ अस्थियाँ हैं
मेरे पानी में, कीचड़-पाँक में।

क्या यहाँ-वहाँ से अस्थियाँ इकट्ठा कर
गढ़ा जा सकता है एक मनुष्य
क्या खड़ा किया जा सकता है उसे
दुनिया के सामने?

क्या बसाई जा सकती है एक गृहस्थी
नए सिरे से?

कितनी हैरत होती है
जब आसमान से तारों का एक झुंड उतरकर
खड़ा हो जाता है मनुष्य के रूप में।

उसी तरह मेरी भावनाएँ
हैं अन्तहीन, अर्थहीन

ढेरों छोटी-मोटी आशाएँ और प्रार्थनाएँ
मेरे शून्य अन्तस में
मुझे कचोटती रहती हैं।

इकतीस

साँझ उतर आने पर
मेरे हृदय में अधिक हलचल मच जाती है।
दिनभर की भयावह घटनाएँ और दृश्य
एक-एक कर समा जाते हैं मन में
और मैं काँपने लगती हूँ भय से, पश्चाताप से।

मेरे भीतर एक और आँधी घुमड़ रही है
मेरे भीतर जम जाता है सड़ा मांस
अस्थियाँ और कंकाल,
अँतड़ियों की पोटली, खोपड़ी और रक्त।

मेरे भीतर घुमड़ रहा है एक और युद्ध
आत्मा से शरीर का
रात गहराने के साथ-साथ
युद्ध हो जाता है और भी भयावह।

पर्वत समान मुरदों की देह से निकल आती है
एक-एक आत्मा, मेरे तट पर बैठकर
रोती हैं और भर-भर अँजुलि पानी से
आँख, मुँह धोती हैं।
योद्धाओं का, वीरों का रोना

उनके शौर्य का अपमान है।
किसी के देख लेने से पहले
वे फिर से लौट आती हैं
पहले से ही मृत मेरी देह में।

जिसे झट सियार और कुत्ते खींचते हुए ले जाकर
नोच-नोचकर, चीथ-चीथ कर खा जाते हैं।

मेरा अन्तस काँप उठता है, घुप्प अँधेरे में
मेरे बिलबिलाते समय
स्वाभाविक लगते हैं चाँद और तारे दूर गगन में।

बत्तीस

ऐ योद्धाओं, ऐ सैन्य सामंतों
ऐ हाथी, घोड़ों
सबको बिदा करती हूँ अश्रु-तर्पण से
आज की इस सूर्यास्त बेला में।
आज का दिन अन्तिम दिन हो इस युद्ध का
कितनी प्रार्थनाएँ की हैं मैंने ईश्वर से
हर बार मेरी प्रार्थना बुलबुले-सी
फूट गई अति मामूली रूप से
काल की मुस्कान से।

अब तुम
आकाश, पाताल, मर्त्य
जहाँ चाहो वहाँ
विचर सकते हो
अबाध रूप से
और बूँद-बूँद खून टपककर
अधिक गहरी हो जाती है
मेरी देह के गली-गलियारों में।

अब तुम्हारी मासूमियत
मुझे साफ-साफ दिखने लगी है

जो मुझे लगती थी
तुम्हारी हिंसा, क्रूरता सी
तुम्हारे जीते समय।
एक अंगारे-सा दहकता
तुम्हारा क्रोध अब
महकने लगा है मुझे गीली मिट्टी-सा
उस महक में मैं खुद को भुला चुकी हूँ
पूरी तरह।

मनुष्य के अंदर हैं ढेरों अरण्य और बंजर
और ढेर सारा शून्य स्थान!
ठीक वहीं
ठहर जाता है मेरा आश्चर्य।

तैंतीस

इस युद्ध के सारांश, इसकी भयावहता को लेकर
अब लिखे जाएँगे न जाने कितने गद्य, कितने पद्य
कितने इतिहास।

जिसके एक-एक पन्ने से
निकल रही होगी बर्बरता की गंध,
विध्वस्त विश्वास।

उन पन्नों में कहीं न कहीं
मैं होऊँगी
साक्षी बनकर
होगा मेरा भयंकर अवसाद, मेरी उदासी
मैं होऊँगी टिमटिमाता दीया बनकर
लगेगा, मानो मैं जलते-जलते बुझ जाऊँगी।

मैं साक्षी जो ठहरी
अनंतकाल तक मुझे साक्ष्य देना होगा
इसलिए मैं बुझूँगी नहीं
हो सकता है कोई न कोई
उस दिन के युद्ध के बारे में पूछ बैठे मुझसे
मुझमें झाँककर देखे।

साल दर साल से जागते पहरेदार-सी
मैं रहूँगी
इतिहास में
वर्तमान में
और भविष्य में भी
इस विमर्श से, दायित्व से
मेरी मुक्ति कहाँ?

चौंतीस

क्यों होती है सुबह
क्यों उगता है सूरज पूरब में
और क्यों पिछले दिन का
रुका हुआ युद्ध
रात बीतने पर शुरू हो जाता है फिर से
क्यों हो जाती है वसुंधरा खून से सराबोर?

यह सवाल
मैं खुद से पूछती हूँ
और दुनिया से भी।

मेरे पास जवाब नहीं होता
दुनिया मुझे जवाब नहीं लौटाती।

मेरे सारे सवाल बिखरे पड़े रहते हैं
छोटे-छोटे पत्थरों की तरह
समय के तट पर यहाँ-वहाँ।

एक बच्चा खेलता है उनसे
उन्हें लुढ़काता है इस छोर से उस छोर
और फेंक देता है समुद्र के वक्ष में।

कभी उन्हें जोड़-जोड़कर
पहाड़ बनाता है
और मस्त हो जाता है चढ़ने-उतरने में।

पैंतीस

आज कल मेरे घाट पर
नहीं आता कोई।

ढेरों शव बह रहे होते हैं मेरे पानी में
सड़े-गले दुर्गंध से नाक फट जाती है
खून की धारा तट लाँघती रहती है।

जो भी देखता है मुझे
सन्न रह जाता है।

अब पहले जैसा साफ पानी नहीं है
ना ही है शीतलता
आसपास की ग्रामीण युवतियों की
नहाने के समय की खिलखिलाहट
अब सुनाई नहीं देती।

मैं वही बर्बाद नदी हूँ
मेरी पूरे देह में है
युद्ध की भयंकर परछाईं।

मुझे मुक्ति दो, मुक्ति दो
इतना भी मैं
मुँह खोलकर माँग नहीं सकती।

नदी, नक्षत्र और नारी
हमेशा जीते हैं
किसी न किसी के
काम आने के लिए।

मैं रक्तस्रावी नदी हूँ
मैं दया नदी हूँ
मुझे मत छुओ, बिल्कुल मत छुओ।

छत्तीस

जब कोई कहीं नहीं होता
तब मैं खुद ही से लड़ने में
मस्त हो जाती हूँ।
मैं होती हूँ पक्ष
मैं ही प्रतिपक्ष।

कोई मुझसे कैफ़ियत माँग बैठता है
तूने क्यों विरोध करना नहीं सीखा
जब युद्ध की गवाही के लिए
समय ने चुना तुझे
बिना किसी उपक्रम के।

कोई निरुत्तर रहता है।

मैं दुविधा में बँट जाती हूँ
काल का कटाक्ष सहती हूँ
जीवन की ओर भागती हूँ।

मेरे ललाट में तो है
हाँफते हुए हर जगह से भागना
हर वक्त मुझे लगता है

मानो मैं कुछ भी नहीं
मेरा काम है सिर्फ आगे बहा ले जाना
समय की धारा।

वह धारा पानी हो
रक्त हो
या हो साँसें-उसाँसें

मुझे कोई फ़र्क नहीं पड़ता,
दीर्घजीवी होने की
ज़रा भी लालसा नहीं मुझमें।

सैंतीस

मेरा जन्म कब हुआ
किस सन् में!
मेरा शैशव, यौवन कहाँ है
कहाँ है मेरी प्रौढ़ता और वार्धक्य?

क्यों है आँसुओं से जर्जर
मेरा भीतर-बाहर
इहकाल, परकाल
चिरकाल, चिरकाल?

मेरा लक्ष्यस्थल कहाँ है
कहाँ है वह सही दिशा
जिस राह जाना है मुझे
गंतव्य तक शीघ्र पहुँचने के लिए?

मैं क्यों अपनी इच्छा से
दिशा नहीं बदल सकती
विश्राम लेने कभी नहीं रुकती।

अपने किनारे पर खड़ी हो
मैं क्यों तलाशती हूँ खुद को
ढूँढ़ते-ढूँढ़ते थक जाती हूँ
खुद को कभी पा नहीं पाती।

अड़तीस

मैं राह तलाश रही हूँ
तलाश रही हूँ राह...
अपने रक्त से उत्पन्न उद्दामता के लिए।

यह वही धारा है पानी की
जो बह आई है एक जाति की
परम्परा और गौरव के साथ
अभी जो बह रही है नि:शब्द हाहाकार की ओर।

मैं राह तलाश रही हूँ
पहुँचने को एक सुन्दर दिन के पास
जो दिन खिला होगा एक फूल-सा
ताज़ा, स्निग्ध
जो दिन बीत नहीं रहा होगा
किसी उत्कंठा या उद्देश्य के रूप में
जिस दिन कोई भी कहीं
मरा नहीं होगा अकाल से, युद्ध से, महामारी से
जो दिन बिल्कुल गढ़ा नहीं गया होगा
उसाँसों से, धिक्कार से, पश्चाताप से।

मैं राह तलाश रही हूँ
और राह तलाशते-तलाशते
इतनी आत्मविभोर हो जाती हूँ कि
मेरी देह में पानी बह रहा है या रक्त
भूल जाती हूँ क्षण में।

और पुनः चौंककर देखती हूँ
यह वही रक्तधार है
जो निकल रही है
हर योद्धा के घाव से
और मुझे अलगा रही है
मेरे साल दर साल की स्वच्छंदता से।

किसी एक का रक्त
किसी दूसरे का रक्त
किसी और का रक्त
सब मिलकर एकाकार हो रहा है
मेरे अंदर।

विलाप ध्वनि से मर्मस्थल काँप उठते समय
मैं दौड़ने लगती हूँ खूब तेजी से

और तलाशती हूँ राह
जहाँ अपना चेहरा साफ-साफ
देख सकता है कोई

अपने भीतर की स्वच्छता में।

उनतालीस

भूगोल में रह सकती हूँ मैं
और इतिहास में
रह सकती हूँ अतीत और वर्तमान में
रह सकती हूँ परम्परा और पश्चाताप में।

कभी-कभी तो मैं रह जाती हूँ
दिन में युद्धक्षेत्र और रात को मरघट जैसी
डरावनी जगहों पर।
मरे पड़े सैनिकों पर
पानी के छींटे डालती रहती हूँ
शायद कोई आँखें खोल दे
शायद कोई पड़ा हो अचेत
शायद कोई जी उठे मेरे स्पर्श से।

कभी-कभी तो मैं रह जाती हूँ
किसी-किसी के क्षोभ में, ग्लानि में
खीझ और विवशता में
और एकाध बार घाट में छोड़ गए
किसी की अन्यमनस्कता में।

चालीस

दिन में मरे योद्धाओं को
मैं आहिस्ता से छूती हूँ रात में
शायद कोई उठ जाए अपनी मूर्च्छा से
उसके मुँह में पानी के छींटे डालती हूँ
उसका पूरा शरीर पानी से भिगो देती हूँ।

कौन कहाँ से आया है
किस गाँव, किस टोले, किस परगने से
जानने का उपाय नहीं था।

मौत इतनी ठंडी हो सकती है
उनकी देह छूने पर मालूम पड़ता है
मेरी मज्जा में इतनी ठंड होती है कि
मैं काँप उठती हूँ तीव्र कंपन से।

हर मुर्दे के पास
मैं बैठती हूँ कुछ देर
कुछ देर आँखें मूँदकर सोचती हूँ
दुर्दशा उसके बाल-बच्चों की,
कुछ देर तक लम्बी उसाँसों से हिल जाता है
मेरी चेतना का अन्त:स्थल।

उनके बलिदान की तुलना में
कितनी तुच्छ हूँ मैं,
कितना असहाय
कितना लाचार!
मेरे पास कुछ भी नहीं लड़ने को
न अस्त्र, न शस्त्र
न शक्ति, न सामर्थ्य

मैं तो एक नदी हूँ सदियों से!

इकतालीस

वध-भूमि में मँडरा रही है नीरवता मेरी
मेरी नीरवता को नाम न दो उदासीनता का।

आँखों की पुतलियों से
निकल रही है बिजली
हृदय से वज्रपात
शिरा-धमनियों से सनसनाती हवा
फिर भी आँधी-तूफान का
कहीं से जरा-सा आभास तक नहीं।
रात्रि का युद्धक्षेत्र है यह
सबकुछ सहज और शान्त।

अपनी अन्तरात्मा की जर्जरता से उठकर मैं
चलती चली जा रही हूँ,
जिस-जिस का खून मिलने से
मैं और भी लाल लग रही हूँ
लग रही हूँ भीषण करुण
काश, किसी की धड़कन एक बार सुन लूँ
इस अँधेरे में, भयावह रात में
तभी तो धीरे-धीरे माटी को भेद रही हूँ
और भेद रही हूँ

मरे पड़े उन योद्धाओं के अभ्यंतर को
हे योद्धाओं! स्वीकार लो मेरा आलिंगन
आज के लिए और हमेशा के लिए।

श्रद्धांजलि इसलिए नहीं दूँगी क्योंकि
तुम्हारी मृत्यु, मृत्यु नहीं
वीरता की गाथा है भविष्य के लिए,
तुम्हारी मृत्यु अमरत्व का ज्वलंत प्रतीक है—
जो सूर्य की तरह चमकती है
और चाँद-सी शीतलता उड़ेलती है धरती पर
चाहे कितना ही प्रलय आए
कोई फ़र्क़ नहीं पड़ता।

बयालीस

मुझे स्वच्छंद करनेवाला एक बूँद आँसू तक
मैं कभी बहा न सकी।

मेरी पूरी देह में अगाध जल है
पूरे जल में मछली, केंकड़े, कीचड़
गुल्म, लताएँ, काई, कंकड़-पत्थर हैं
इन सबके बीच एक बूँद आँसू
एक सड़ा गला घाव
किसी को दिखाई नहीं दिया।

कल तक थी मैं
महज एक नदी
ओड़िशा के नक्शे पर
महानदी, काठजोड़ी, बिरूपा, बैतरणी जैसी
एक छोटी-सी शाखा नदी,
अब मैं हूँ ओड़िशा के इतिहास में
सबके पश्चाताप में, पीड़ा में
क्रोध और करुणा में
थोड़ी-थोड़ी अन्यमनस्कता में
असमय बहे बूँद-बूँद रक्त में
और घाव के नीचे के अवशिष्टांश में।

दूसरों से कितनी अलग हूँ मैं
मेरे तट की हवाओं में
आमिषी रक्त गंध है
हरे-भरे खेत पटे पड़े हैं टूटी हड्डियों
सड़ी-गली अँगुलियों
गुच्छे-गुच्छे सिर के बालों
फटे अचकन, रथ के टूटे पहियों
धनुषवाण के खंडित-विखंडित टुकड़ों
मुकुट और अस्त्र-शस्त्र,
तलवार के छोटे-छोटे टुकड़े
हवा में अथाह शून्यता
यहाँ तक कि इस राह से होकर
गुज़रनेवाले पक्षियों के कलरव में भी है
अनुच्चरित असंतोष
व्यस्त व्याकुलता।

काश! कोई मुझे लौटा देता
पहले-सी नदी बनकर बहने की
वही हूबहू वास्तविकता!

तैंतालीस

एक नन्ही चिड़िया आकर बैठा करती थी
हर रोज इस पेड़ की डाल पर।

ढेर सारे चाँदनी फूलों की खिलखिलाहट
हरी-भरी मुलायम घास की
शर्मीली निगाह
पठार में खुद ब खुद उगी
ककड़ी, लौकी की लताओं
बगुलों की एकाग्रता इत्यादि के बीच
मैं थी स्वाभाविक और स्वच्छंद,
अपने मन मुताबिक।

इसी तरह चल रही थी लीला मेरी
मनचाहा बहना, उछलना,
पूनम की रात में पूरा का पूरा चाँद
अपनी छाती पर, अन्तस्थल पर प्रतिबिंबित करना।

अब मुझे सभी छोड़ गए
अब मैं उस नन्ही चिड़िया, नन्हे-नन्हे फूल,
हरी-भरी घास
लौकी, ककड़ी की लताओं

सबके द्वारा तिरस्कृत हूँ।
क्या मैंने किसी को छला है?
मैं तो महज़ एक उपयोगी वस्तु बन गई
समय की।
मैं तो केवल एक स्थान के रूप में चुनी गई
राजा के आदेश से
भयावह युद्धक्षेत्र के लिए।

क्या कोई पूरी तरह मिट जाना चाहता है
या कोई जान-बूझकर खुद को रखता है
अगणित उपहासों के शिखर बिंदु पर?

चवालीस

न जाने कब से मैं अपनी तरह
नहीं जी पाई।

जी करता तो रोती मैं बिलख-बिलखकर
जी करता तो पहुँच जाती मारे गए
सैनिकों के प्रियजनों के पास
उनकी रुलाई में मिलाती अपनी रुलाई
समय काँप उठता हमारे विलाप से;
भविष्य
विकल रोने-धोने से रहता तटस्थ।

फिर अगले ही क्षण मन को दृढ़ किया
खुद को समझाने लगी
रोने, सिर पटकने से
क्या मिलेगा,
क्या लौट आता है पुराना समय
बल्कि मन और कमज़ोर हो जाता है।

वर्तमान बीतता चला जाता है।

कुछ ही दिनों में मेरे पठार में
अँकुरा उठी घास
हरी-हरी और टटकी

मेरे अज्ञात सुख की घास या
जिसकी जड़ों के नीचे है
अस्थि, मज्जा, रक्त
वीर पुरुषों का
जिसकी हरियाली में हैं नए-नए सपने
भविष्य के।

पैंतालीस

असंख्य मरे लोगों को फलाँगती आ रही
हवा को मैंने देखा है
कितनी डरी सहमी थी
कितना आतंक था उसके चेहरे पर
कितना मलिन लग रहा था उसका चेहरा।
काश! उसे ज़रा बाहों में भरकर
सीने से लगा लेती,
आहिस्ता-आहिस्ता कहती—
तुम्हारी तरह मैं भी
बेहद असहाय हूँ
सड़ रही हूँ, बस सड़ रही हूँ
तीव्र एकालाप से।

छियालीस

अपने भीतर हूबहू अपनी तरह से
जीने के दौरान
सिर्फ एक ही बात सीखी है मैंने।

प्रेम करने से सहज और कोई पुण्य नहीं
युद्ध से भयानक कोई सच नहीं
जबकि जीवन से मृत्यु
और प्रेम से युद्ध तक
पसरे रास्ते में मैं ही बह रही हूँ
कभी नदी बनकर
तो कभी रक्त की धारा बनकर।

मैं मनुष्य नहीं, ईश्वर नहीं
सिर्फ असंख्य लोगों के लिए आपस में
युद्ध करने भर की जगह थी
मेरे तट पर।
मनुष्य के मरने, सड़ने, गलने का
दृश्य और दुर्गंध ढोते-ढोते
मैं मूक बन गई
बन गई निर्वेद और जड़।

अब एक आदिम, अन्तर्भेदी पुकार
मेरी देह से टकराती है
न जाने कितने लोगों का विकल क्रंदन
मुझे तोड़-मरोड़ रहा है
क्रमश: लुट जाने का दु:ख
मुझे अधिक से अधिक आक्रांत कर रहा है।

काफी दिनों से साफ आसमान नहीं देखा मैंने
फूल खिलने की सुगंध का स्वाद नहीं पाया
अँधेरे में छुपे रहना अपनाने के सिवाय,
तीव्र पछतावे से तिलमिलाने के सिवाय
अन्य विकल्प है भी या नहीं
जानने का साहस तक नहीं जुटा पाई।

सैंतालीस

हवा का उपहास सुनाई देता है।

दिखते हैं नई-नई कोंपलों के
कटाक्ष, सूखे चेहरे
तरह-तरह की डरावनी आवाज़ें सुनाई देती हैं
मेरी हल्की नींद में धड़धड़ाकर घुस आते हैं
लाखों योद्धा
धनुष-बाण, भाले और नाना अस्त्र-शस्त्रों से सज्जित
पश्चाताप से रौंदी गई पानी की धारा में
बहने लगता है रक्त।

स्वप्न, अट्टहासमय!

आतंकित हो उठती हूँ मैं
अब यह कौन-सा युद्ध है
क्या कलिंग युद्ध से भी अधिक भयावह
काँप उठता है रग-रग मेरा
मेरे अस्थि-कंकाल में बसी है
तीव्र झनकार।

रह-रहकर हुँकार सुनाई देती है
आसपास के इलाके से
घोड़ों की हिनहिनाहट,
रथ के पहियों का घर्रघर्र नाद
हे प्रभु, क्या फिर से वध-भूमि बनना
लिखा है मेरी किस्मत में।

हर रात ऐसा ही होता है
पूरे सपने में युद्ध, रक्तपात
भयावह विभीषिकाएँ
मेरी नींद उचट जाती है
कुछ-कुछ सूर्यालोक संचित करके
जो आकाश बनाया था मैंने
वहाँ जो सूर्य उदित होता है
वह सूर्य मेरे ओड़िशा के आकाश में
बिखेर दे नया प्रकाश!
बस, इतनी ही प्रार्थना करती रहती हूँ मैं।

अड़तालीस

पिछली रात फिर आई थी
वह औरत।
विवाह की अगली सुबह उसका पति
निकल पड़ा था रणक्षेत्र के लिए
रणभूमि में समा गया
उसकी देह का सारा रक्त
और उसकी वीरता,
पत्नी की माँग से मिट गया सिंदूर
फिर नहीं सुनाई दी
उसकी चूड़ियों की खनक।

न जाने कहाँ से आती है वह औरत।
कितने युग, कितनी शताब्दियाँ
कितने संवत्सर पार करके
नदी किनारे बैठती है,
अंजुरीभर पानी छींटती है
अपने सूने कपाल पर
वह पानी, उसके पति के पसीने-सा,
खून-सा
मानो महकता है!

वह औरत
विसर्जित करती रहती है अपने दर्द
और सारी अव्यक्त सिसकियाँ
या भेदती रहती है नदी के पानी में मिल चुके
अपने पति के खून के भीतर की
आत्मा का अतल तल!

कैसा स्पर्श टटोलती रहती है वह अँधेरे में
जब कहीं कोई नहीं होता,
रोती नहीं है
सवाल नहीं करती
कोसती नहीं तक़दीर
मान-मनौवल, अभियोग नहीं करती
बल्कि रहती है स्थिर, निर्विकार।

तारों से भी उज्ज्वल प्रकाश से बनी
उसकी दो आँखें
इतिहास को, वर्तमान को और भविष्य को
हतप्रभ कर देती हैं।

क्या इतना स्थिर
इतना अविचलित
रह सकता है कोई साल दर साल
इतनी बड़ी अनहोनी के बाद?
अपने भाग्य के साथ
स्वाभाविक रूप से जी गई
वह औरत
अकेले भोग रही है अपना वैधव्य,
दुख, कष्ट, एकाकीपन।

युद्ध के मैदान में अस्त्र लिए खड़ी नहीं रहती
देश के प्रति देनदारी के लिए

ठुकरा देती है वह
अपनी सुख-शान्ति, समृद्धि और भाग्य
दुर्दिन और दुर्भाग्य।

जब भी वह औरत आती है
मैं भूल जाती हूँ खुद को
मेरे पानी में उसके संकल्प और साहस
झुंड बना-बनाकर तैरते हैं।

उनचास

मैं जरा भी डरपोक नहीं थी।

हालाँकि मैं प्रार्थना करती थी ईश्वर से
मैं हठात् सूख जाऊँ
अपना अस्तित्व खो दूँ इसलिए
मैं नहीं चाहती थी
पारदर्शी पानी में मेरे
घुल-मिल जाए रक्त
बन जाऊँ मैं इतिहास का
एक मर्मांतक घाव।

वे अनगिनत योद्धा
किसी के रक्त से सुनाई देता था विकल क्रंदन
किसी के रक्त से प्राण छूटते समय की चीख
किसी के रक्त से कदापि न समझा पाने-सी
मौन आतुरता
तो किसी के रक्त से खाँय-खाँय निर्जनता
दबा क्रोध
रात को चीर डालने-सी गहरी अर्थमयता।

सबका रक्त मिल गया मेरी देह में।
गड्डमड्ड हो गया
हो गया और भी लाल व गाढ़ा।
क्रोध, क्षोभ, वेदना और पीड़ा
शोक, क्रंदन
एक साथ मैंने कितना कुछ भोगा
वह सब बखानने को
मेरे पास भाषा तो थी ही नहीं
ना ही थी मानसिकता।

सारा रक्त एक ही तरह सोखते समय
मुझे लगा मानो हो किसी एक ही आदमी का रक्त
बह रहा है मेरी देह में
अविराम, कल-कल।

पचास

समुद्र मुझे खींच ले गया
मिला लिया मुझे अपने साथ।
उसका रंग इतना अधिक नीला है कि
किसी दूसरे रंग को टिकने नहीं देता वह
सबको मिला लेता है अपनी साँसों में।

मैं आभारी हूँ समुद्र की
किसी नदी का समुद्र में मिलना
कोई बड़ी बात नहीं

बड़ी बात है
सारे घाव, कटे-फटे निशान
लाचारी और वीभत्सता को भी
अनायास ही अपनाकर
पोंछ-पांछकर सुंदर तरीके से खड़ा करना।

समुद्र ने सबकुछ लिया
रक्त का गाढ़ा लाल रंग
शवों की सड़ाँध
युद्ध की भयावहता
सिर्फ अवरुद्ध यंत्रणा और टभकते घाव

रह गए मेरे पास
कुछ दूर खड़े रहकर
दाँत निपोरता रहा समय
साल दर साल!
बिन मुरझाया घाव
समय को जवाब देने के लिए
सज-सँवर रहा था बड़ी शान से।

नहीं, मेरा कोई संकल्प नहीं था।
खुद को स्वच्छ देखकर
मुग्ध न हो पाने के कारण
मेरे ओड़िशा के
उस दिन की रुलाईभरी निगाह
और सीने की धड़कन
मुझे सालते चले जा रहे थे।

इक्यावन

वनभोज करने आए
बच्चों ने क्यों चुना मेरा ही तट
बंजर ज़मीन और धूप
यह सुनसान-सी जगह
कैसा वनभोज? कैसी मस्ती यहाँ?

बावन

मुझसे तुम घृणा मत करना बच्चों
थूक खँखार मत फेंकना
मेरे स्थिर जल में
तुम्हारी खीझ या नफ़रत में नहीं
बल्कि मैं चाहती हूँ रहना
तुम्हारे प्यार और चाहत में चिरकाल।

तुम्हारी इतिहास की किताब में
जो-जो लिखा है
वह सच हो सकता है
मैं दया नदी नहीं
रक्त नदी बन
उसी नाम से पहचानी जा सकती हूँ

पर मैं रक्तपिपासु नहीं,
गटगटाकर रक्त पी जाना
और उस रक्त को अपने भीतर
धारण करना
एक ही बात नहीं है।

तुम जिसे रक्त कहते हो बच्चों
मैं उसे बलिदान समझती हूँ
सबके बलिदान की गवाह बन
युग-युग से अपने ही साथ जूझ रही हूँ।

तुम मुझे सिर्फ
एक नदी मत समझना बच्चों
न जाने कितने ताप
कितने अनुताप
कितने दबाव से
उलझ पुलझकर
मैं अपने ही चारों ओर घूमती रहती हूँ
जिसे तुम समझते हो समय बीतते जाना
समय वही पत्थर है, जिसे काटते हुए
मैं आगे और आगे बढ़ती जा रही हूँ।

तिरेपन

क्या नदी की आत्मा होती है!
होता है हृदय, देह और अंगप्रत्यंग
हूबहू, हूबहू।

कोई-कोई यह भी सोच सकता है।
क्या होती है आत्मा इतिहास की!
कौन जाने!
इतिहास के भंडार से
भर-भर टोकरी अँधेरा निकालते समय
मैं भी मिट्टी के ढेले-सी
या काँच के टुकड़े-सी
गिर पड़ती हूँ किसी टोकरी से
जिस टोकरी पर तुम निशान लगाए होते हो
सन् ईस्वी या ईसा पूर्व का।

उसी सन् ईस्वी के साथ मैं आती हूँ
और मिल जाती हूँ तुम्हारे विस्मय में,
विरोधाभास में
याद रहने की मजबूरी में।

तुम्हारी आत्मा से मिलकर
आत्मा बन जाती हूँ
हृदय से मिलकर हृदय
और देह से मिलकर देह

और तुम्हारी तरह मेरी भी देह में
पानी, रक्त
रक्त, पानी
गड्डमड्ड होकर रह जाता है।

चौवन

कोई एक लालटेन छोड़ गया है, मेरे तट पर

हवा से बुझ गई है लालटेन
जंग लग गया है उसमें
फिर भी पड़ी है
और आधा गड़ चुकी है
नदी की रेत में।

लालटेन हाथ में लिए
आया था कोई रास्ता ढूँढ़ता अँधेरे में
मेरे तट पर
लालटेन छोड़कर कहाँ चला गया वह
उसी दिन से
कहीं खो गया नाम, गाँव, ठिकाना उसका
फिर पता नहीं चला।

बुझी लालटेन पर होगा
स्पर्श उसके हाथ का

क्या स्पर्श से कभी-कभी
मालूम पड़ता है सही-सही
वह आदमी ज़िंदा है या मर चुका है!

पचपन

काल की देह में जंग लग जाने पर
क्या नदी रुक सकती है आधे रास्ते में!
हड़बड़ाकर दौड़ पड़ती है
धोने को जंग
या बन जाती है
उसी जंग का खास हिस्सा।

इतिहास जबकि व्यस्त रहता है तैयारी में
उकेरवाने को वह घटना अपनी देह में
जबकि वह भी एक न एक दिन बन जाएगा प्रतीक
निर्जनता का, ध्वंस का, स्मृति का और पश्चाताप का
मालूम नहीं होता।

मेंड़ पर ढेरों
तोरी की लताएँ पसरी हुई हैं
माटी के नीचे कभी-कभार मिल जाते हैं
घोड़े की नाल, टूटी तलवार, मुकुट
इतिहास, शोध का अंश विशेष है।

मैं शान्त हूँ,
और माटी के नीचे तेज साँसें-उसाँसें।

छप्पन

विजय का तिलक लगाकर लौट गए राजा
होंठों के बीच स्मित मुस्कान
गर्व पछाड़ें मार रहा था
आँखों की झील में।

युद्ध में न जाने कितने मारे गए
कितने पंगु हो गए
कितने हो गए चक्षुहीन,
कितने हाथी, घोड़ा
उनका कोई हिसाब नहीं।
इतिहास भी सोया रहा करवट लिए
ठीक-ठीक
हिसाब नहीं रख सका।
आईने में चमक रहा था राजा का ललाट
चक्रवर्त्ती सम्राट,
प्रबल, पराक्रमी, पुरुष-प्रवर।

राजा के लौट जाने के बाद
मैंने देखा कलिंग को
इतनी क्षति सह-सहकर

मुरझा ही तो गया है
ऐंठ नहीं गई है।

झाड़ते-झूड़ते हुए कोई
धूल से उठ रहा है
उसका एक पैर ज़मीन पर
और मस्तक आकाश छू रहा है।

मैंने खुद को दिलासा दे
सांत्वना की एक पतली माला
गले में पहन ली।

पसीना पोंछने की तरह ललाट से
पराजय का अपमान पोंछ-पाछ लिया।

सत्तावन

रात होने पर
कष्ट अधिक होता है।

कोई पुकार रहा होता है
अस्पष्ट स्वर में
दया नदी! दया नदी!
धीरे-धीरे असंख्य स्वर आकर मिल जाते हैं
उस पुकार से
मैं डोलने लग जाती हूँ।

मेरी सारी शीतलता, सुकुमारापन
खो गए है कालगर्भ में
समय के भग्न स्तूप तले
गुड़ी-मुड़ी पड़ी हूँ मैं
मुट्‌ठीभर राख की तरह,
किसी-किसी की आँखों की पुतलियाँ
और छाती,
और मन,
रुँध चुके हैं उस राख से
पहले-सी वह कठोरता नहीं,
अन्तर्छंद नहीं
ताल नहीं—लय नहीं

मैं पहचानी नहीं जाती अपने नाम से।

वही कलंक मेरा परिचय देता है
अलग तरीके से
पहली बार उस कलंक का रंग
काले की जगह लाल कहकर
इतिहास दोहराता है
सभी सुन सकें
इतनी ऊँची आवाज में।

केवल ओड़िशा के मानचित्र का नहीं
अपनी लज्जा का
मैं एक अंश हूँ
जब भी कोई मुझे
मेरा नाम लेकर पुकारता है
तब कहीं न कहीं कुछ टूट-फूट जाता है
अति प्रचंड रूप से।

नहीं! मैं अपने लिए नहीं जी रही
शायद कोई मुझे ढूँढ़ता हुआ आएगा
दूर-देशांतर से और
कहेगा
कभी नहीं करूँगा युद्ध
मैं किसी के साथ।
कभी शामिल नहीं होऊँगा
हत्या और मार-काट में,
षड्यंत्र में, छलावा में।

दया नदी
तुम्हारा जल स्पर्श कर
मैं शपथ लेता हूँ।

इसी लालच में
एक-एक पुकार सुनने के लिए
मैं कान लगाए बैठी हूँ।

अट्ठावन

उस राजा की दिग्विजय
मैंने जान-बूझकर नहीं बखानी।

वह कैसी विजय है, जिसमें
मासूमों के खून से तिलक लगाया जाता है
अपने मस्तक पर!
वह कैसी विजय है, जिसमें
प्रार्थनाओं का कोई अर्थ नहीं रह जाता,
वह कैसी विजय है, जिसमें
धृष्टता बढ़ती चली जाती है
आवश्यकता से,
वह कैसी विजय है, जिसमें
भ्रम दौड़ते-दौड़ते पहले पहुँच जाता है
सम्मोहन के शिखर पर।

ऐसी विजय को
मैं विजय नहीं मान सकती।

उनसठ

उस युद्ध से, घमासान से, गोला-बारूद वर्षण से
अचानक बच गया सैनिक
यहाँ से घर लौटते वक्त
खुश नज़र नहीं आ रहा था
न ही उसकी आँखों में छलक रहा था
उत्कंठा या आग्रह कोई
अपने प्रियजन, रिश्ते-नातेदारों को फिर से
देख पाने की उम्मीद में।

इतना गुमसुम हो गया था वह कि
मानो साल दर साल से कुछ बोल न पाने के कारण
भूल गया हो बात करने की शैली
या युद्ध की भयावहता ने उसके होंठों से
छीन ली है भाषा
या उसके साथी सैनिक
एक-एक करके युद्ध के मैदान में
लुढ़कते जाते समय
उनकी विकट चीखों ने मिलकर
बना दिया है उसे पत्थर।

घर लौटते समय जो-जो कुछ
याद आकर आँखों की पुतलियों में
उभर आती है प्रसन्नता
वैसा कुछ नहीं उभरा, बल्कि
जिन लोगों ने युद्ध में प्राण गँवाए
उनके बाल-बच्चों को, पत्नी को, परिवार को
क्या जवाब देगा सोचते समय
वज्रपात से धरती काँप उठने-सी
उसकी आत्मा अंदर से काँप उठती थी
प्रचंड शोर करके।

मेरा अन्तस डोल उठा
उस कोलाहल से।

साठ

इस बीच बीत गए
न जाने कितने युग
कितनी शताब्दियाँ
कितने संवत्सर।

हाल ही में एक आठ-दस साल का लड़का
आया था मेरे तट पर
पूछा, तू दया नदी है!
तू वही है जिसकी देह रक्तमय है,
जो साक्षी है तबके 'कलिंग युद्ध' की,
साक्षी है उस भयावहता की!

कुछ बोल नहीं पाई।
काश! उसे उठा लेती
अपनी गोद में
सहला देती उसका छोटा-सा सिर
उसकी नन्ही-नन्ही हथेलियों पर हाथ रखकर कहती
हाँ, बेटे
मैं ही वह दया नदी हूँ
एक वीभत्स इतिहास का कंकाल,
कुत्सित और कदाकार।

मैं तो नदी हूँ, पानी का प्रवाह हूँ
भला मेरी जुबान है या हैं आँखें
या मुँह!

वह लड़का कुछ देर खड़ा रहा
मेरे तट पर
मेरी ओर देखा
न जाने चंचल-सा
क्या ढूँढ़ा उसने मुझमें
जो प्रश्न,
जो अकुलाहट लेकर आया था वह
अपने इतिहास के पन्ने से
जो चित्र आँका था मेरा
अपने नन्हे से मन के कैनवस पर
न जाने क्या उत्तर मिला उसे
मुझे देखने के बाद
मेरा पानी छूने के बाद

वह लौट गया
सिर्फ उसके नन्हे-नन्हे पैरों के निशान
मैंने सहेजकर रख लिए
अपनी रेत पर।

इकसठ

कल रात फिर एक बार
नया पानी भर गया मेरी देह में।

मेरे किनारे मूँगफली छीलकर
खा रहे कुछ युवकों ने
उस पानी को गँदला किया
उसमें मूँगफली के छिलके फेंके
अपने-अपने अभाव, असहायता के बारे में
बोलने-बतियाने के बाद
आधी रात वे घर लौट गए।

दुपहरी में दो-चार आवारा बच्चे
धड़ाधड़ कूद पड़े मेरे अंदर
तैरने में मस्त हो गए इस पार से उस पार
पानी से सराबोर किनारे निकल आए
उनकी गीली-गीली देह, गीली-गीली आँखों की
ताज़गी में मैं राह भटक गई
अपने अंदर की।

वर्षों की ग्लानि और सिसकियाँ
समा जाती हैं इसी तरह

देख लेने से किसी की आँखों की प्रसन्नता
उन्मुक्त हँसी का ठहाका,
मैं समझ गई
खुद को चाहना भी आसान हो सकता है
हो सकता है उतना ही स्वच्छंद
खुद को चाहने पर सिसकियों में उभर आता है
जीने का सघन मोह।

आस-पास के गाँवों की धोबिन
नया पानी देखकर
फिर आ गईं घाट पर
कपड़े धोए
रगड़-रगड़कर मैल छुड़ाए
पैरों की एँड़ियों से
देह से
मन से
बातें कर-करके हवा में उड़ा दिए
अनिद्रा, अशान्ति
क्लांति और विरक्ति।

तट पर साफ कपड़े उड़ रहे थे फर-फर
और उड़ रहे थे उन अनपढ़ नारियों की
हँसी-ठिठोली, झगड़े और तकरार।

सारा मैल
अपने गर्भ में समेटकर
मेरे भीतर उगने लगा था
दूज का चाँद
दुनिया के अब सहज रूप से
चल पड़ने का।

बासठ

हे भविष्य! मिटा सको तो
मिटा दो मेरा नाम इतिहास से।
जानती हूँ, इतिहास के बगीचे में
नहीं खिलते सिर्फ उल्लास या उच्च अभिलाषा के फूल
इतिहास में परिणति का घना अँधेरा भी होता है।

होता है रक्त प्रवाह, छोटी-छोटी हड्डियाँ,
बोटी-बोटी मांस, बाहर लटकी आँखों की पुतलियाँ,
कटे हुए हाथ-पैर
अँतड़ियों की सड़ाँध
योद्धाओं और निरीह लोगों की।

इतिहास अपने सीने में रखता है
कुआँ-कुआँ रुलाई और व्यर्थता
घुटन और पछतावा
समय का निष्ठुर निर्णय और तीव्र हाहाकार।

इतिहास अपने पन्नों में रखे रहता है
नदी और समुद्र
पहाड़-पर्वत, दुर्ग और प्राचीर
रणक्षेत्र, शस्यक्षेत्र और जनपद

रखे रहता है इतिहास एक-एक हिसाब
सन् ईस्वी का, मुकुट का, तलवार का, सिंहासन का।

मैं चाहती हूँ,
मैं न रहूँ उस इतिहास में
न जलूँ बच्चों की त्रस्त आँखों की पुतलियों में
एक दुःस्वप्न बनकर,
न रहूँ किसी की घृणा में, तिरस्कार में,
न बहूँ अन्तर्दाह बन
किसी की शिरा-धमनियों में।

हे भविष्य!
इतिहास से मिटा देना
वह बहती हुई रक्तधार
मिटा देना अभिशाप अदृष्ट का
और तमाम विषोद्गार—
काल और कपाल के।

परिशिष्ट

देह ही दया नदी है!

इतिहास को रट-रटकर याद करने से
जिंदा नहीं रहता इतिहास।

इतिहास की आत्मा होती है हवा में,
रेंगती चढ़ती है लता-सी
समय की पूरी दीवार पर
हरी-हरी दिखती है तभी
लालच में उसे तोड़ लेता है इंसान।

मैं भी बार-बार आ जाती हूँ
उसी लालच की चपेट में
उलझ जाती हूँ भ्रम में
रक्त से लाल हुई
दया नदी किनारे जाकर
खड़ी हो जाती हूँ आधी रात में
पूछती हूँ, क्या आज तक बचा रखा है तुमने
उस दिन के लाल रंग से चुटकीभर
उस पुराने घाव का दर्द ज़रा-सा
इतने सालों से, इतना पानी बह जाने के बावजूद!

दया नदी कुछ नहीं कहती।

मैं इतिहास में जाती हूँ
वहाँ असंख्य नदियाँ हैं, असंख्य तट
वहाँ खड़ी हो मैं चीखती चिल्लाती हूँ तो
दया नदी टेढ़ी-मेढ़ी होकर समा जाती है मेरे रक्त में
मेरा रक्त और भी गाढ़ा दिखता है
मुझे लगता है मेरी धमनियों में
दया नदी की जलधारा है
मेरी देह ही दया नदी है
रक्त-क्षोभ-पश्चाताप से कलकल।

सपने के रंग, दुख के रंग
खूबसूरती के रंग, सद्भावना के रंग जैसा
दया नदी का रंग
ओड़िशा की एक-एक शिरा में होता है,
आँखों से ओझल होने तक
भविष्य के मोड़ पर खड़ी दया नदी
इंसानियत की राह दिखाती है इंसान को।